太极剑

全民健身项目指导用书

张颖　吴昊◎主编

吉林出版集团股份有限公司　全国百佳图书出版单位

图书在版编目（CIP）数据

太极剑 / 张颖，吴昊主编. -- 2版. -- 长春：吉
林出版集团股份有限公司，2010.2（2024.8 重印）
全民健身项目指导用书
ISBN 978-7-5463-2353-4

Ⅰ.①太… Ⅱ.①张… ②吴… Ⅲ.①剑术（武术）
－基本知识－中国 Ⅳ.①G852.24

中国版本图书馆 CIP 数据核字(2010)第 028361 号

全民健身项目指导用书

太极剑
TAIJIJIAN

主　　编	张　颖　吴　昊
责任编辑	黄　群　杜　琳
封面设计	吕宜昌
开　　本	650mm×960mm　1/16
印　　张	5.5
字　　数	30 千
版　　次	2010 年 2 月第 2 版
印　　次	2024 年 8 月第 4 次印刷

出版发行	吉林出版集团股份有限公司
地　　址	吉林省长春市福祉大路 5788 号
邮　　编	130000
电　　话	0431-81629968
电子邮箱	11915286@qq.com
印　　刷	三河市金兆印刷装订有限公司

书　号　ISBN 978-7-5463-2353-4　定　价　30.00 元

序言

自 1995 年我国政府推出《全民健身计划纲要》以来，我国群众性体育活动蓬勃发展，取得了显著的成绩。2008 年，举世瞩目的北京奥运会的成功举办，极大地激发了亿万人民群众的体育热情，增强了全社会的体育意识，营造了浓厚的全民健身氛围。面对这样的可喜局面，群众体育科研、教学工作者应义不容辞地为社会实践服务，从不同角度思考，如何使普通百姓通过简而易行的身体锻炼方式、方法和手段达到良好的健身效果，达到拥有健康的目标，从而享受生活、享受快乐人生。该书系就是在这样的思想指导下诞生的。

本书系能够顺应国家体育的大政方针，掌握时代脉搏，对指导大众健身，使大众掌握健身方法和手段有很好的促进作用。

本书系图文并茂，实用性强，分为球类运动、体操健身运动、传统武术、冰雪运动、水上运动、体育舞蹈、休闲运动、格斗运动、民间体育活动和极限运动等十大类项目，计 100 分册，按照统一的体例，力争有所创新。每册的具体内容为该项目的起源与发展、运动保健、基本技术、运动技巧、比赛规则等，使读者在学习过程中，不仅能够学会运动健身的方法，同时还能够学到保健方面的基本知识。

经国务院批准，自 2009 年起，将每年的 8 月 8 日定为"全民健身日"。《全民健身项目指导用书》的出版，必将为开展全民健身活动起到积极的推动和指导作用。

目录 CONTENTS

第一章 概述

第一节 起源与发展/002
第二节 场地和装备/003

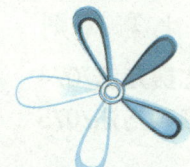

第三章 基本技术

第一节 握法与剑法/028
第二节 步形/039

第二章 运动保健

第一节 自我身体评价/008
第二节 运动价值/012
第三节 运动保护/016

目录 CONTENTS

第四章 32 式太极剑

第一节　预备姿势与起势/046

第二节　套路/048

第三节　收势/070

第五章 比赛规则

第一节　比赛方法/074

第二节　裁判方法/075

第一章　概述

　　太极剑是在太极拳的基础上，结合剑术的基本方法创编而成的，兼有太极拳和剑术的风格，在医疗康复、强身健体、陶冶性情等方面都具有良好的功效。

第一节

起源与发展

太极剑是太极拳运动的一个重要内容，它兼有太极拳和剑术的两种风格特点，一方面习练者要像练太极拳一样，表现出轻灵柔和，绵绵不断，重意不重力的特点，另一方面还要表现出优美潇洒，剑法清楚，形神兼备的剑术演练风格。

 **起源**

剑是我国一种古老的兵器，被誉为"百兵之君"。早在春秋战国时期，便已经有了铜剑的出现。剑有剑器和剑术之分，剑器是指具体的实物，而剑术是指使用剑的技术。中国古代的剑术已经发展得十分完备。

太极剑是属于太极拳系列中的剑术，兼有太极拳和剑术二者的风格特点，但它的历史比太极拳晚。目前流行的各式太极剑，大多是近百年来太极拳形成流派以后，在古代剑术的基础上，分别吸收了其他拳派的剑术内容，改造发展而形成的。目前，各式太极剑基本由宣化剑、三才剑、乾坤剑演化而成。

太极剑与一般剑术不同，是将太极拳的基本特点，融汇于剑法之中的运动形式。动作既细腻，又舒展大方；既潇洒、飘逸、优美，又不失沉稳；既有技击、健身的价值，又有观赏价值。

 **发展**

中华人民共和国成立后，武术成为社会主义文化和体育事业的一个组成部分，得到了蓬勃发展。太极剑也随着武术的发展而发展，逐渐走上规范化道路，成为全民健身运动的有机组成部分。

传播

从 20 世纪 50 年代中期开始,武术作为民族体育项目,在挖掘、整理、继承的基础上,得到了空前的发展,出现了大范围的群众性练武高潮。太极剑作为主要武术项目之一,备受人们的喜爱,其内容不断丰富发展,技术日益充实提高。

1957 年,原国家体委运动司组织专家在杨式太极剑的基础上创编了 32 式太极剑,极大地推动了太极剑的普及与发展。1992 年,原国家体委武术研究院组织专家创编 42 式太极剑竞赛套路,进一步促进了太极剑的发展。

目前,太极剑逐渐吸收了太极拳当中的精华,不断地创新和改进,使其套路更加丰富多彩。

发展趋势

太极剑内容丰富,形式多样,风格独特,运动简便,老少皆宜,具有广泛的群众基础。长期习练可以提高身体的协调性、灵敏性和柔韧性,有助于身体各部位的均衡发展,改善神经系统机能,对心血管系统有良好的作用。因此,随着全民健身运动的蓬勃发展,太极剑已成为全民健身项目的重要组成部分。

第二节

场地和装备

高质量的场地能够为运动提供安全保障,良好的装备是运动参与者较高水平发挥的必要保证。

场地

(1)单练和对练项目的场地为:长 14 米,宽 8 米,四周内沿应标明 5 厘

米的边线，其周围至少有 2 米宽的安全区，在场地的两长边中间各做一条长 30 厘米，宽 5 厘米的中线标记。

（2）集体项目的场地为：长 16 米，宽 14 米，四周内沿应标明 5 厘米宽的边线，其周围至少有 2 米宽的安全区。

武术竞赛设备：两台摄像机、一台放像机和一台电视机。

概
述
·········

从地面起，赛场上空至少应有 8 米的无障碍空间，如设两个以上比赛场地，两场地之间距离应在 6 米以上。

剑身

（1）剑身由剑尖、剑刃、剑脊和剑面组成；

（2）剑尖为剑身最前端的尖锐部分，剑刃为剑身两侧锋利部分，剑脊为剑身长轴隆起部分，剑面为剑脊两侧的平面。

剑把

（1）剑把由剑首、剑柄和护手组成，并配置剑穗和剑鞘；

（2）剑首为剑柄后端的突出部分，剑柄为剑把上的把柄，护手又称剑格，为剑柄与剑身间相隔的突出部分；

（3）剑穗又称剑袍，为系在剑首的穗子，剑鞘为用来盛装宝剑的囊鞘。

太极剑的装备主要是服装和鞋，比赛中对此的要求不严格。

 **服装**

款式

　　运动员应穿适于运动的服装，建议穿具有丰富多彩的民族特色、运动特色、时代特色和项目特色的武术服。

材质

　　(1)服装的质地可自由选择，舒适即可；

　　(2)如果剑法沉着，步法稳健，选用平绒面料效果比较好；

　　(3)如果剑法潇洒，犹如飞凤，应选择双绸或绸缎的面料为好。

要求

　　(1)比赛时，运动员必须穿规定的比赛服装；

　　(2)上场比赛时，不允许佩戴手表、耳环、项链和手镯等饰品；

　　(3)比赛服装上的广告标志或队标只允许印在左袖外侧一处，大小不得超过 8 厘米×5 厘米。

 **鞋**

　　比赛和表演中常见的是以羊皮或帆布制面、软胶制底的武术表演专用鞋，这种鞋既舒服又美观。

第二章 运动保健

体育运动对增强体质、预防疾病和促进健康具有良好的作用。但是,并非所有人从事相同的运动都会达到同样的效果。对于同一种运动负荷,不同人机体的反应差异是很大的,即使同一个体,在不同时期、不同机能状态下,对同一负荷的反应及效果也是不一样的。因此,对于不同个体,应制定适合其机能需要的运动强度、时间、频率和持续周期。从事体育锻炼一定要讲究科学性,使机体最大限度地获得运动价值,使某些疾病得到有效的防治。

第一节

自我身体评价

自我身体评价是指根据个体的不同情况以及简单的功能评定标准，对锻炼者进行身体评价，并以此为依据，确定具体的锻炼内容。

 适宜人群 ◆◆◆◆◆◆◆

体适能是全身适应性的一部分，是人体精神和体力对现代生活的适应能力。为了促进健康，预防疾病，提高生活质量和工作学习效率，几乎所有人都可以追求健康的体适能，而且经过简单的评价和测试，均可以成为目标人群，即适宜人群。

健康体适能评价标准

健康体适能是指身体有足够的活力和精力处理日常事务，而不会感到过度疲劳，并且还有足够的精力去享受休闲活动和应对突发事件。

健康体适能是确定锻炼者是否为运动适宜人群的主要依据。目前的评价标准主要包括国民体质测定标准、学生体质测定标准和普通人群体育锻炼标准等。

国民体质测定标准主要包括形态指标、机能指标和素质指标 3 个部分，各项指标的测定结果均为 1～5 分，共 5 个级别。凡各项指标达不到 4 分或 5 分者，均应被纳入健身人群。

学生体质测定标准分为优秀、良好、及格和不及格 4 个级别。优秀水平以下者，均应被纳入健身人群。

普通人群体育锻炼标准分为 5 个级别，凡达不到 4 分或 5 分者，均应被纳入健身人群。

简易运动功能评定

简易运动功能评定的目的在于确定运动对象有无运动禁忌症或临时运动禁忌的情况，即是否适合参加体育锻炼，以达到防备万一，避免意外事故发生的目的。目前通行的方式是 3 分钟踏台阶测试。

目的

测试锻炼者运动后心率恢复的情况，以评估其心肺功能。

器材　见图 2-1-1

30 厘米高的长凳、节拍器、秒表和时钟。

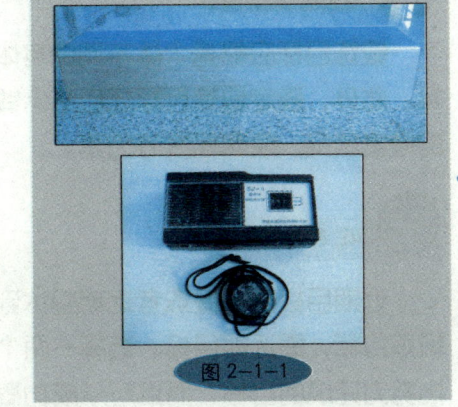

图 2-1-1

步骤　见表 2-1-1

(1)节拍器设定为每分钟 96 次，锻炼者依"上上下下"的节拍运动 3 分钟。

(2)锻炼者完成 3 分钟踏台阶后，5 秒钟内开始测量其脉搏，时间为 1 分钟，记录其心率，并依据下表评价其功能水平。

(3)运动后心率越低，证明其心肺功能越好。在运动强度允许的范围内，锻炼者可选择运动强度的较高值来进行运动。

表 2-1-1  3 分钟台阶测试评价表

	年龄(岁)	欠佳(次)	尚可(次)	一般(次)	良好(次)	优异(次)
男士	18~25	>115	105~114	98~104	89~97	<88
	26~35	>117	107~116	98~106	89~97	<88
	36~45	>119	112~118	103~111	95~102	<94
	46~55	>122	116~121	104~115	97~103	<96
	56~65	>119	112~118	102~111	98~101	<97
	65+	>120	114~119	103~113	96~102	<95
女士	18~25	>125	117~124	107~116	98~106	<97
	26~35	>128	119~127	111~118	98~110	<97
	36~45	>128	118~127	110~117	102~109	<101
	46~55	>127	121~126	114~120	103~113	<102
	56~65	>128	118~127	112~117	104~111	<103
	65+	>128	122~127	115~121	101~114	<100

注意事项

如受试者经过努力仍无法完成测试，或出现头晕、胸闷、出冷汗等症状，应终止测试。运动中应特别考虑运动强度，以防出现意外。

锻炼目标

锻炼目标应根据个体不同的身体状况来确定，可分为近期目标和远期目标。此外，确定锻炼目标还应结合锻炼者的运动意向、愿望和兴趣以及本人的健康状况、疾病程度等因素。

近期目标

近期目标是指锻炼者近期应达到的目标。在进行运动之前，应首先明确锻炼目标，即近期目标。选择一两个健康体适能构成要素，作为未来两个月内努力完成的目标，而且应从成功概率较高的构成要素开始，并将预期两个月后要达到的目标做上记号，如提高某个或某些关节的活动幅度，增强某个肌肉群的力量等。

远期目标

远期目标是指锻炼者最终要达到的目标。实践证明，经过科学合理的锻炼后，锻炼者是可以达到一般的远期目标的，如提高心肺功能，使其达到优秀的等级，或达到降血脂、防治高血压和冠心病的目的等。

运动负荷

运动负荷即运动量。怎样控制运动量，合适的运动时间是多少等，一直是人们争论不休的问题。但有一点是可以肯定的，那就是任何有关身体活动的意见和建议，都需要综合考虑锻炼者的身体状况和所要达到的目标，并以此为依据来制订科学的身体锻炼计划。

运动强度

运动过程中，运动强度过小，达不到锻炼的效果；运动强度过大，不仅达不到最佳的锻炼效果，还可能产生一些副作用，甚至出现意外事故。确定运动强度有两种方法。

心率简易推测法

（1）年龄在 20 岁左右的年轻人，身体健康，能坚持体育锻炼，欲进一步提高身体机能，可取最大心率值（最大心率值 =220 － 年龄）的 65％～85％。

（2）年龄在 45 岁以下，身体基本健康，有运动习惯者，开始进行健身锻炼，可取最大心率值的 65％～80％，没有运动习惯者，开始进行健身锻炼，可取最大心率值的 60％～75％。

（3）年龄在 45 岁以上，身体基本健康，有运动习惯者，开始进行健身锻炼，可取最大心率值的 60％～75％，没有运动习惯者，建议根据自身情况咨询专业人员来指导和确定运动强度。

主观感觉疲劳分级表推测法　　见表 2-1-2

运动的疲劳程度大致分为 10 级，具体为：0～1 级，没感觉；2～3 级，尚轻松；4～5 级，稍累；6～7 级，累；8～9 级，很累；10 级，精疲力竭。因此，健身锻炼的运动强度应控制在主观感觉疲劳程度的 4～7 级。

表 2-1-2　　主观感觉疲劳分级表

0 轻松	·	2 尚轻松	·	4 稍累	·	6 累	·	8 很累	·	10 精疲力竭

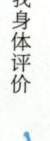

 运动频率

运动频率是指每日及每周锻炼的次数。一般每周锻炼 3～4 次，即隔日锻炼 1 次即可。有充足的休息时间，可使身体得到充分的休息，收到更好的锻炼效果。

 运动持续时间

运动强度和运动持续时间，决定了一次锻炼的运动量和热量消耗。运动持续时间与运动强度成反比，运动强度大，运动持续时间可相应缩短，运动强度小，则运动持续时间应相应延长。

一般的健身锻炼，运动持续时间以每天 20～60 分钟为宜，其中包括准备活动时间、健身锻炼时间和整理活动时间。每次健身锻炼应在 20 分钟以上，锻炼可一次性完成，也可分段进行，但每段的活动时间应在 10 分钟以上。

第二节

运动价值

运动价值一直是人们探讨的问题，一般认为运动具有两方面的价值，即健身价值和心理价值。身体和精神的健康是相互依存的，伴随着身体功能的改善，精神状况逐渐也能同时得到改善。

 **健身价值** ◆◆◆◆◆◆◆◆◆

健身价值在于提高体适能。体适能包括心肺耐力素质、肌肉力量素质、柔韧性素质和身体成分等。体适能的发展是积极从事锻炼的结果，只有规律性的体育锻炼才能达到最佳的体适能。

提高心肺耐力素质

心肺耐力是指全身肌肉进行长时间运动的持久能力，是体内心肺系统对身体各细胞的供氧能力。人体的心脏、肺、血管、血液等组织的功能是心肺耐力的基础，它们与氧气和营养物质的输送以及代谢物的清除有关。健全的心肺功能是健康的基本保证。

系统的体育锻炼，可以使心肌增厚，收缩力加强，心室容积增大，从而使心脏的泵血功能增强，表现为心血输出量增加。

系统的体育锻炼，呼吸系统机能也将得到提高，表现为呼吸肌的力量增强，肺活量、肺通气量明显增加，保证对机体供氧的能力。

系统的体育锻炼，可以促进血管系统的形态、机能和调节能力产生良好的适应力，从而提高机体的工作能力。

系统的体育锻炼，可以使血液系统产生某些适应性变化，如血容量增加、血黏度下降、红细胞膜弹性增强和红细胞变形能力增强等。

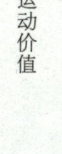

 提高肌肉力量素质

肌肉力量是指肌肉最大收缩产生的对抗阻力或负荷的能力。肌肉力量只有达到一定的程度，才能克服外界阻力，而克服外界阻力是维持日常生活自理、从事各种劳动和运动的必要前提。

系统的体育锻炼，可以提高肌肉的生理横断面积，可以改善神经系统对肌肉收缩的支配功能，还可以提高肌肉内代谢物质的储备量，使肌肉力量得到提高。

 提高柔韧性素质

柔韧性是指人体各关节的活动幅度，即关节的肌肉、肌腱和韧带等软组织的伸展能力。柔韧性对于保证正常生活质量、维持正常体态、预防损伤发生和减轻损伤程度等方面均起到至关重要的作用。

系统的体育锻炼，还可以延缓因年龄因素而导致的柔韧性下降，预防因缺乏运动而导致的关节结构、周围软组织和膝关节肌肉退化，从而使锻炼者

的日常生活、劳动和运动等更加充满活力。

改善身体成分

身体成分是指人体体重中的脂肪组织和去脂组织的重量百分比。身体成分中的脂肪成分增加，肌肉成分必然下降。身体中不具备收缩功能的脂肪组织增加，必然导致身体进行各种活动的能力下降，基础代谢水平降低，肥胖症、冠心病、高血压、糖尿病、高血脂等慢性疾病发病率的提高。因此，身体成分是保证人体健康的重要内容之一。

通过系统的体育锻炼，随着锻炼者体质的增强，热量消耗便随之增加，进而燃烧掉体内多余的脂肪，使身体成分得到改善。而身体成分的改善，又可以减少体重对关节可能带来的不利影响，还可以使肥胖者的心理状况得到改善，增强其自信心，使其逐步建立起健康的生活方式。

心理价值

研究证明，有规律的体育锻炼不但可以使锻炼者增强体质、促进身体健康、预防一些慢性疾病，还可以提高锻炼者的生活满意度和生活质量，对其心理健康产生积极影响。

体育锻炼的心理健康效应主要表现在六个方面：

改善情绪状态

短期效应

研究发现，体育锻炼对人的情绪状态具有显著的短期效应。运动后人们的焦虑、抑郁、紧张和心理紊乱等症状会明显减轻，而精力和愉快程度则会明显增强。而且这种情绪的迅速变化，与锻炼者个体的健康状况、活动形式和活动强度等有着直接的联系。

长期效应

体育锻炼对人情绪的长期效应有着直接的影响，与不锻炼者相比，有规律的锻炼者在较长时期内很少会产生焦虑、抑郁、紧张和心理紊乱等情绪。

完善个性行为特征 见表 2-2-1

　　人们的行为特征一般可以分为两种类型，用 A 型行为特征和 B 型行为特征来表示。A 型行为特征主要表现为性情急躁、争强好胜、容易激动、整天忙碌和做事效率高等。B 型行为特征主要表现为不好竞争、不易紧张、不赶时间、对人随和、喜欢自由自在等。具有 A 型行为特征的人由于过度紧张的情绪反应，会引起内分泌失调，增加心脏病发病的概率。目前的一些研究主要集中在体育锻炼对改变 A 型行为特征的作用方面。研究结果表明，有规律的体育锻炼能明显改变 A 型行为特征。

表 2-2-1 　 A、B 型个性行为特征常见表现

A 型行为特征者常见表现	B 型行为特征者常见表现
约会从来不迟到	对约会很随便
竞争意识很强	竞争意识不强
别人要讲话时总爱抢先或插话	是别人讲话时很好的听众
总是匆匆忙忙	即使有压力也从不匆忙
等待时缺乏耐心	能够耐心等待
干事时全力以赴	处事漫不经心
同时想干很多事	在一段时间里只干一件事情
讲话喜欢用加强语气,甚至敲桌子	讲话语速缓慢、不慌不忙
做了好事希望能得到别人的认可	只要自己满意即可,不管别人怎样想
吃饭、走路都很快	做事情很慢
不善与人相处	为人随和
容易暴露自己的感情	能控制自己的感情
具有广泛的兴趣	没什么业余爱好
雄心壮志	满足于目前的工作和学习状况

 确立良好自我概念

　　自我概念是指个体对自己身体、思想和情感的主观整体评价，它由许多自我认识组成，包括我是什么人、我主张什么和我喜欢什么等。

　　坚持体育锻炼，可以使锻炼者体格强健、精力充沛、提高驾驭身体的能力，从而改善对自身的满意程度，确立良好的自我概念。

 改变睡眠模式

根据脑电图的显示，人的睡眠可以分为两种状态，即慢波睡眠状态和快波睡眠状态。前者为浅度睡眠状态，后者为深度睡眠状态。一夜之间两种睡眠状态会交替发生 4～5 次。

有规律的体育锻炼不仅对慢波睡眠有促进作用，而且能缩短入眠的潜伏期，并延长睡眠的时间。

 改善认知能力

体育锻炼还能改善人的认知过程，避免反应时间过长、注意力不集中和思维混乱等症状的发生，尤其对老年人的认知能力改善效果更为明显。

 增加心理治疗效应

体育锻炼被公认为是一种心理治疗的好方法。目前人群中常见的心理疾患是抑郁症和焦虑症。研究发现，体育锻炼是治疗抑郁症的有效手段之一，抑郁症患者经过有规律的体育锻炼，抑郁症状能明显减轻。

体育锻炼还具有治疗焦虑症的作用，通过有规律的体育锻炼，可以使锻炼者的焦虑症状明显改善。

第三节

运动保护

在运动过程中，人体机能会随时发生变化。因此，应针对这种机能变化的特点来进行体育锻炼，也就是我们所说的运动保护。运动保护一般包括运动前准备、运动后放松和自我养护三个方面。

 **运动前准备**

准备活动是指在正式运动之前进行的有目的的身体练习。做好充分的

准备活动，可以缩短机体进入最佳状态的时间，同时还可以预防运动损伤的发生，为机体发挥最大的工作效率做好功能上的准备。

准备活动的作用

提高中枢神经系统兴奋状态

(1)使大脑反应速度加快，参加活动的运动中枢神经相互协调。

(2)为正式运动时生理机能达到适宜程度提前做好准备。

提高机体代谢水平

(1)准备活动可以使锻炼者体温升高，降低肌肉黏滞性，使肌肉的伸展性、柔韧性和弹性增强，从而有效预防运动损伤的发生。

(2)准备活动可以增强体内代谢酶的活性，使物质代谢水平提高，以保证运动时有较充分的能量供应。

克服内脏器官生理惰性

(1)准备活动可以提高心血管系统和呼吸系统的机能水平，使肺通气量及心血输出量增加。

(2)可以使心肌和骨骼肌的毛细血管扩张，使其工作肌获得更多的氧，从而克服内脏器官的生理惰性，使之尽快达到最佳状态。

增加皮肤毛细血管的血流量

准备活动可以使皮肤毛细血管的血流量增加，运动后毛细血管扩张，有利于散热，降低体温，有效防止开始正式活动时由于体温过高而影响运动能力。

准备活动要求

准备活动时间

(1)准备活动的时间可以根据运动项目的具体情况确定，一般以10～30分钟为宜。

(2)准备活动与正式运动的间隔时间，一般以不超过15分钟为宜，可以在做完准备活动后立刻进行正式运动。

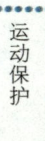

运动保护

准备活动强度

（1）准备活动的强度和量应较正式运动小，以免引起不必要的疲劳。

（2）准备活动的量可以由心率来决定，心率以100～120次／分为宜。

准备活动内容

一般性准备活动

一般性准备活动的内容多以伸展运动开始，然后进行一般性的跑步、徒手体操等活动。

下面介绍一套常用的一般性准备活动操，供锻炼者运动前使用。这套活动操主要包括头部运动、肩部运动、扩胸运动、体侧运动、体转运动、髋部运动和踢腿运动等。

头部运动

头部运动的动作方法（见图 2-3-1）：两手叉腰，两脚左右开立，做头部向前、向后、向左、向右，以及绕环运动。

图 2-3-1

肩部运动

肩部运动的动作方法（见图 2-3-2）：手扶肩部，屈臂向前、向后绕环，以及直臂绕环。

扩胸运动

扩胸运动的动作方法（见图 2-3-3）：屈臂向后振动及直臂向后振动。

体侧运动

体侧运动的动作方法（见图 2-3-4）：两脚左右开立，一手叉腰，另一臂上举，并随上体向对侧振动。

体转运动

体转运动的动作方法（见图 2-3-5）：两脚左右开立，两臂体前屈，身体向左、向右有节奏地扭转。

髋部运动

髋部运动的动作方法（见图 2-3-6）：两脚左右开立，两手叉腰，髋关节放松，向左、向右 360 度旋转。

图 2-3-2

图 2-3-3

踢腿运动

踢腿运动的动作方法（见图 2-3-7）：两臂上举后振，同时一腿向后半步，重心置于前腿，两臂下摆后振，同时向前上方踢腿。

图 2-3-4 　　　　　　　　图 2-3-5

图 2-3-6 　　　　　　图 2-3-7

专门性准备活动

专门性准备活动的动作方法、节奏和强度等与正式锻炼相似，目的是使人体主要肌群在运动前得到动员，为正式锻炼做好准备。

运动后放松

运动后放松是指运动之后所进行的一些能够加速机体功能恢复的、较轻松的身体活动。与运动前准备活动相反，其目的是使锻炼者的生理机能水平逐步得到恢复。

放松方法

运动性手段

（1）运动结束后，锻炼者可采用变换运动部位的方法来消除疲劳，如上肢出现疲劳时可做一些慢跑运动，下肢出现疲劳时可做一些上肢运动。

（2）转换运动类型也是一种不错的放松方法，如打羽毛球出现疲劳时，可从事瑜伽运动来达到放松的目的。

（3）还可以用调整运动强度的方法来缓解疲劳，如可以在放松过程中，采用小强度的轻微运动方法等。

整理活动 见图 2-3-8

（1）整理活动是指运动后所做的一些能够加速机体功能恢复的身体活动，如剧烈运动后进行 3～5 分钟慢跑或其他整理活动，使身体机能得以恢复。

（2）剧烈运动后如不做整理活动而骤然停止动作，会影响氧气的补充和静脉血的回流，使机体血压降低，引起不良反应。

图 2-3-8

（1）在进行整理活动时动作应缓慢、放松，运动量不要过大，否则会引起新的疲劳。

（2）在进行整理活动时，应当保持心情舒畅、精神愉快。

锻炼后，锻炼者感觉身体疲劳是一种正常的生理现象，是体育锻炼过程中的正常反应，随着体育锻炼时间的延长，疲劳症状会自然消失。运动性疲劳出现后，锻炼者如果采用一些自我养护措施，可以加速身体机能的恢复，尽快消除疲劳，提高锻炼效果。常见的自我养护方法主要包括运动后休息、合理营养和物理手段等三种。

静止性休息 见图 2-3-9

（1）静止性休息是指锻炼者运动后保持机体相对的静止状态，以促进身体机能的恢复，尽快消除疲劳。

（2）静止性休息的最佳方式之一是睡眠，特别是刚开始从事锻炼者，身体不适应或疲劳症状明显时，更应该保证足够的睡眠，否则，锻炼者虽然积极参加了体育锻炼，但收效甚微，甚至会导致过度疲劳症状的发生。

（3）静止性休息更适合于消除全身运动导致的整体疲劳症状。

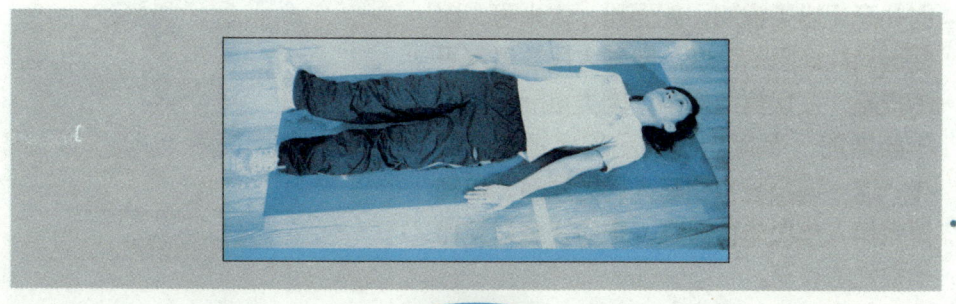

图2-3-9

积极性休息 见图2-3-10

（1）积极性休息更适合由于少量肌肉群参与工作而导致的局部疲劳，或运动强度较大而导致的快速疲劳。

（2）积极性休息可以加速血液循环，有利于代谢物排出体外，对促进身体机能的恢复具有明显的效果。

图2-3-10

 **合理营养** 见图2-3-11

图2-3-11

小强度、长时间的运动形式，主要是靠糖原的有氧代谢提供能量。运动后应及时补充淀粉类食物，如面粉、大米等，以促进消耗糖原的合成。随着人民生活水平的提高，在饮食结构中，肉类食品的比重不断增加，而淀粉类食品的比重逐渐减少，这一现象应当引起人们的注意，特别是老年人参加体育锻炼，更应注意对淀粉类食物的补充。

强度较大、时间又相对较长的运动形式，主要是靠糖原的无氧代谢提供能量。这样，糖原无氧代谢产物——乳酸便会在体内大量堆积。因此，运动后应多补充蔬菜、水果等碱性食品，以加速乳酸的清除，达到尽快消除疲劳的目的。

 **物理手段**

按摩及牵拉 见图2-3-12

（1）通过刺激神经末梢、皮肤结缔组织和毛细血管的按摩方法，可以使紧张的肌肉得以放松，从而改善局部组织和全身的血液循环，达到促进身体机能恢复的目的，这种方法可以在锻炼后马上进行。

（2）此外，还可以采取缓慢牵拉肌肉的方法，使收缩的肌肉得到充分的伸展放松。

水疗及电疗

（1）水疗包括芬兰式蒸汽浴、热水浴和桑拿浴等多种形式，主要作用是通过提高体温，促进血液循环，清除代谢物，以达到尽快消除疲劳、恢复体力的目的。

（2）水疗的时间一般以不超过30分钟为宜，如果时间过长，会进一步消耗体力，严重时甚至会出现暂时性脑缺血现象。

（3）如果条件允许，还可对疲劳的肌肉进行低频治疗。低频治疗仪的原理是模拟针灸疗法，使用时将电极用不干胶对称地粘贴在运动部位表皮上。这种疗法可以促进局部血液循环，改善组织代谢，缓解肌肉酸痛，消除疲劳。

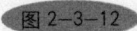

图 2—3—12

第三章　基本技术

通过掌握太极剑的基本技术，练习者可形成良好的学习开端，进而掌握太极剑技法，达到锻炼身体的目的。

第一节
握法与剑法

　　正确地掌握太极剑的握法与剑法，对于学习和练习太极剑的套路有很大的帮助。同时，对于参加正式的表演和比赛将起到积极的作用。

 握法

 平握

🌸 **动作方法** 见图 3-1-1

　　五指平卷握剑，多用于劈剑、崩剑、托剑和推剑等。

🌸 **技术要点**

　　五指并拢。

 直握

🌸 **动作方法** 见图 3-1-2

　　五指螺形卷握，多用于刺剑、扫剑等。

🌸 **技术要点**

　　五指并拢。

图 3-1-1

图 3-1-2

 钳剑

 动作方法 见图 3-1-3

拇指、食指和虎口钳夹，其余三指松握，多用于带剑、抽剑等。

技术要点

拇指、食指用力，其余三指松握。

图 3-1-3

提剑

动作方法 见图 3-1-4

腕关节屈提，拇指、食指下压，其余三指上勾。多用于点剑、提剑等。

技术要点

腕关节屈提，中指、无名指、小拇指上钩。

图 3-1-4

 反握

动作方法 见图 3-1-5

（1）手臂内旋，手心向外，拇指支于剑柄下方，向上用力；

（2）中指、无名指、小拇指向下勾压，多用于撩剑、探剑和刺剑等。

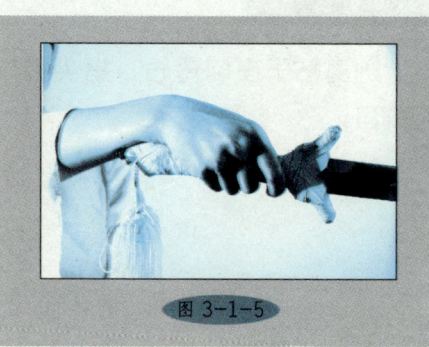

图 3-1-5

 **技术要点**

手臂内旋。

垫剑

动作方法 见图 3-1-6

食指伸直，垫在护手下面助力或控制方向，拇指也伸直，其余三指屈握。多用于绞剑、削剑和击剑等。

 **技术要点**

食指垫在护手下面。

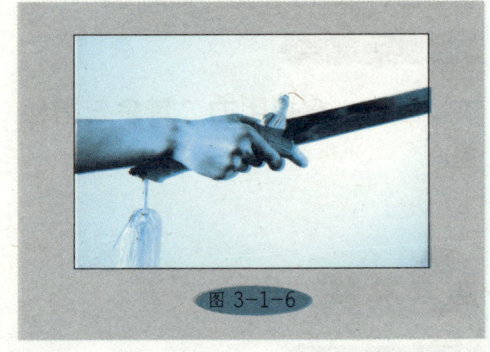

图 3-1-6

反手握

动作方法 见图 3-1-7

剑身贴于左前臂后，左手食指贴于剑柄，指尖指向剑首，其余四指扣握于护手。多用于剑术的起势，在反手剑术练习中也多用此种握法。

技术要点

剑身贴于左前臂后，指尖指向剑首。

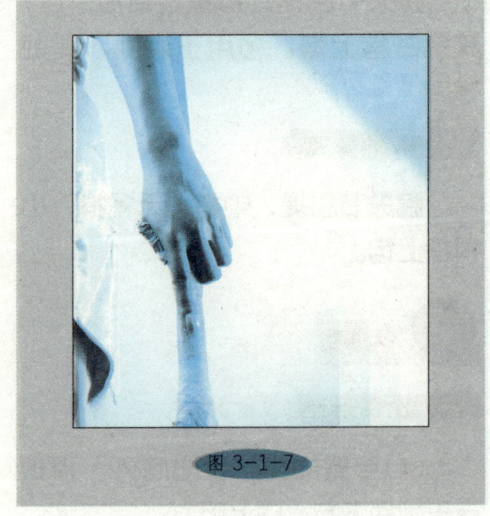

图 3-1-7

 剑法 ◆◆◆◆◆◆◆◆◆

 点剑

动作方法 见图 3-1-8

腕部放松，突然屈腕上提，目视剑尖。

技术要点

立剑用剑尖向下点，力达剑刃前端，力从腰经肩到臂贯至腕，松腕蓄劲，肘略屈略上提，肩下沉。

图 3-1-8

 刺剑

动作方法 见图 3-1-9

（1）剑尖向一个方向动作，直取对方；

（2）臂由屈而伸，与剑呈一直线，目视剑尖所刺目标。

技术要点

力达剑尖，以剑尖直取对方，力从腰经肩到大臂，贯至小臂，用腰劲，屈肘，大小臂角度由小变大。

图 3-1-9

劈剑

动作方法 见图 3-1-10

立剑，剑与臂呈一直线，从上向下用力运动，目视剑刃所劈目标。

技术要点

力点在剑刃，力从腰经肩到臂，用腰劲。

挂剑

动作方法 见图 3-1-11

剑尖后勾，立剑由前向后上方或后下方格开对方的进攻，目视剑尖。

技术要点

剑尖后勾，力从腰经肩到臂，贯至腕，含胸，转腰，剑贴身走立圆。

图 3-1-10

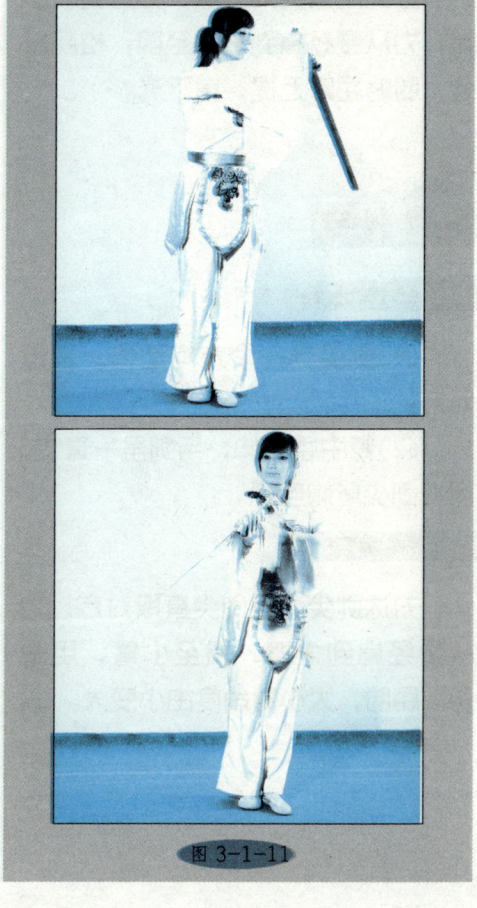

图 3-1-11

 **撩剑**

动作方法 见图 3-1-12

立剑由后前上方撩出，格开对方的进攻，目视剑尖和对方。

技术要点

力点在剑刃前部，力从腰经肩，贯至臂，含胸，转胸，剑贴身走立圆。

图 3-1-12

 **云剑**

动作方法 见图 3-1-13

平剑在头前上方或头顶平圆环绕，用以拨开对方的进攻。

技术要点

（1）力在剑刃，力从腰经肩到臂，贯至腕；

（2）略仰头，剑略靠近头，不超过头后部，绕环要平，以腕为轴，翻腕要松，用腰劲。

图 3-1-13

 抹剑

 动作方法 见图 3-1-14

平剑由左向右或由右向左领带。

技术要点

力点顺剑刃滑落，力从腰经肩到臂，贯至腕。用腰劲，动作要协调。

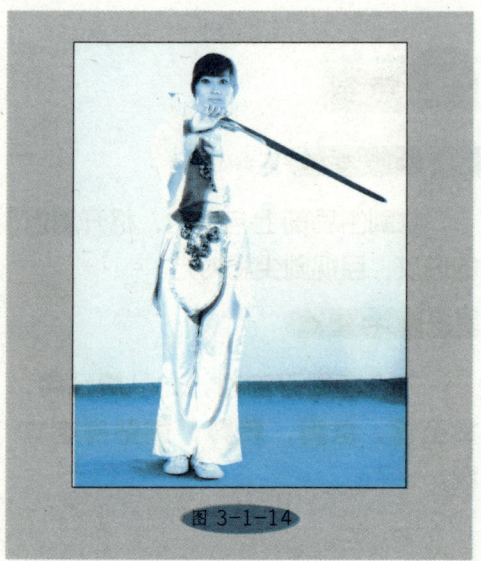

图 3-1-14

带剑

动作方法 见图 3-1-15

平剑由前向侧后方抽回。

技术要点

力点在剑刃滑落，力从腰经肩到臂，贯至腕，先前送，后翻腕划弧回抽。

图 3-1-15

崩剑

动作方法 见图 3-1-16

立剑用剑刃尖端向上点啄。

技术要点

力达剑刃前端。力从腰经肩到臂，贯至腕，腕突然下沉。

图 3-1-16

绞剑

动作方法 见图 3-1-17

平剑，使剑尖沿顺时针或逆时针方向环绕划小立圆。

技术要点

（1）力在剑刃前端，力从腰经肩到臂，贯至腕；

（2）松腕协调，带腰劲，划立圆不宜过大。

图 3-1-17

握法与剑法

 **托剑**

动作方法 见图 3-1-18

立剑向上托起，高于头部，目视前方。

技术要点

（1）力在剑刃，剑身要平，叉步或上步与绕剑要同时，剑贴身走立圆，动作要与腰的转动相配合；

（2）向上托剑时，注意与武当太极的分脚领剑区别开来。

图 3-1-18

 **截剑**

动作方法 见图 3-1-19

立剑或平剑，用剑刃切断、阻截对方，剑身呈斜线。

技术要点

力在剑刃，力从腰经肩到臂，贯至腕，腕用横向力，注意用腰劲。

图 3-1-19

基本技术

提剑

动作方法　见图 3-1-20

　　立剑或平剑，屈腕向上提拉剑把，使剑尖向下。

技术要点

　　剑尖朝下，力从腰经肩到臂，贯至腕。

图 3-1-20

捧剑

动作方法　见图 3-1-21

　　立剑或平剑，两手体前相合捧。

技术要点

　　两手在体前相合捧抱，松腰，剑不要太贴身，手抱圆。

图 3-1-21

扫剑

动作方法 见图 3-1-22

平剑使剑向左、向右挥摆。

技术要点

力在剑刃。用腰力，剑与臂呈一直线，步法与手法要协调，与腰的转动要协调。

图 3-1-22

斩剑

动作方法 见图 3-1-23

平剑使剑向左、向右挥摆。

技术要点

(1)剑与臂呈一直线，步法、手法与腰的转动要协调，用腰带动臂，横向用力；

(2)挥摆幅度和力度比扫剑小。

图 3-1-23

基本技术

拦剑

动作方法 见图 3-1-24

立剑斜向上方托架。

技术要点

力点在剑刃中部、后部，力从腰经肩到臂，贯至腕。动作协调，运用腰部力量，剑尖略斜向中。

图 3-1-24

第二节

步形

学习和掌握太极剑的步形，对进一步学习太极剑的套路有积极的指导作用。

动作方法 见图 3-2-1

两脚自然直立，与肩同宽，脚尖向前，两膝略屈，如起势，十字手等。

技术要点

两脚开立与肩同宽。

图 3-2-1

弓步 ◆◆◆◆◆◆◆◆◆◆

动作方法 见图 3-2-2

（1）前腿全脚着地，脚尖朝前，屈膝前弓，膝部不得超过脚尖；

（2）后腿自然伸直，脚尖斜向前方，全脚着地，两脚横向距离10～20厘米。

图 3-2-2

技术要点

膝部不得超过脚尖。

马步 ◆◆◆◆◆◆◆◆◆◆

动作方法 见图 3-2-3

（1）两脚左右开立，约为脚长的三倍；

（2）脚尖正对前方，屈膝半蹲。

技术要点

两脚距离约为脚长的三倍，屈膝半蹲。

图 3-2-3

虚步

动作方法 见图 3-2-4

（1）一腿屈膝下蹲，全脚着地，脚尖斜向前45度；

（2）另一腿略屈，以脚前掌或脚跟点于身前。

技术要点

一腿屈膝脚尖斜向前45度。

图 3-2-4

仆步

动作方法 见图 3-2-5

（1）一腿屈膝全蹲，膝与脚尖略外展；

（2）另一腿自然伸直，平仆接近地面，脚尖内扣，两脚全脚着地。

技术要点

一腿屈膝全蹲，另一腿自然伸直，平仆接近地面。

图 3-2-5

 **丁步**

动作方法 见图 3-2-6

（1）一腿屈膝半蹲，全脚着地；

（2）另一腿屈膝，以脚前掌或脚尖点于支撑脚内侧。

技术要点

一腿屈膝，以脚前掌或脚尖点于支撑脚内侧。

图 3-2-6

 **独立步**

动作方法 见图 3-2-7

（1）一腿自然直立，支撑站稳；

（2）另一腿在体前或体侧屈膝提起，高于腰部，小腿自然下垂。

技术要点

一腿自然直立，另一腿高于腰部。

图 3-2-7

平行步

 动作方法 见图3-2-8

两脚分开，脚尖朝前，屈膝下蹲，两脚外缘同肩宽。

技术要点

两脚外缘同肩宽。

图3-2-8

后坐步

动作方法 见图3-2-9

（1）后腿坐实呈半蹲步，负担全身重量；

（2）脚掌外斜约45度，前膝略屈，全脚掌着地，脚尖向前；

（3）两脚横向距离与背等宽，前后距离为一步，如揽雀尾的捋式与倒撵猴等。

技术要点

后腿坐实呈半蹲步，脚掌外斜约45度。

图3-2-9

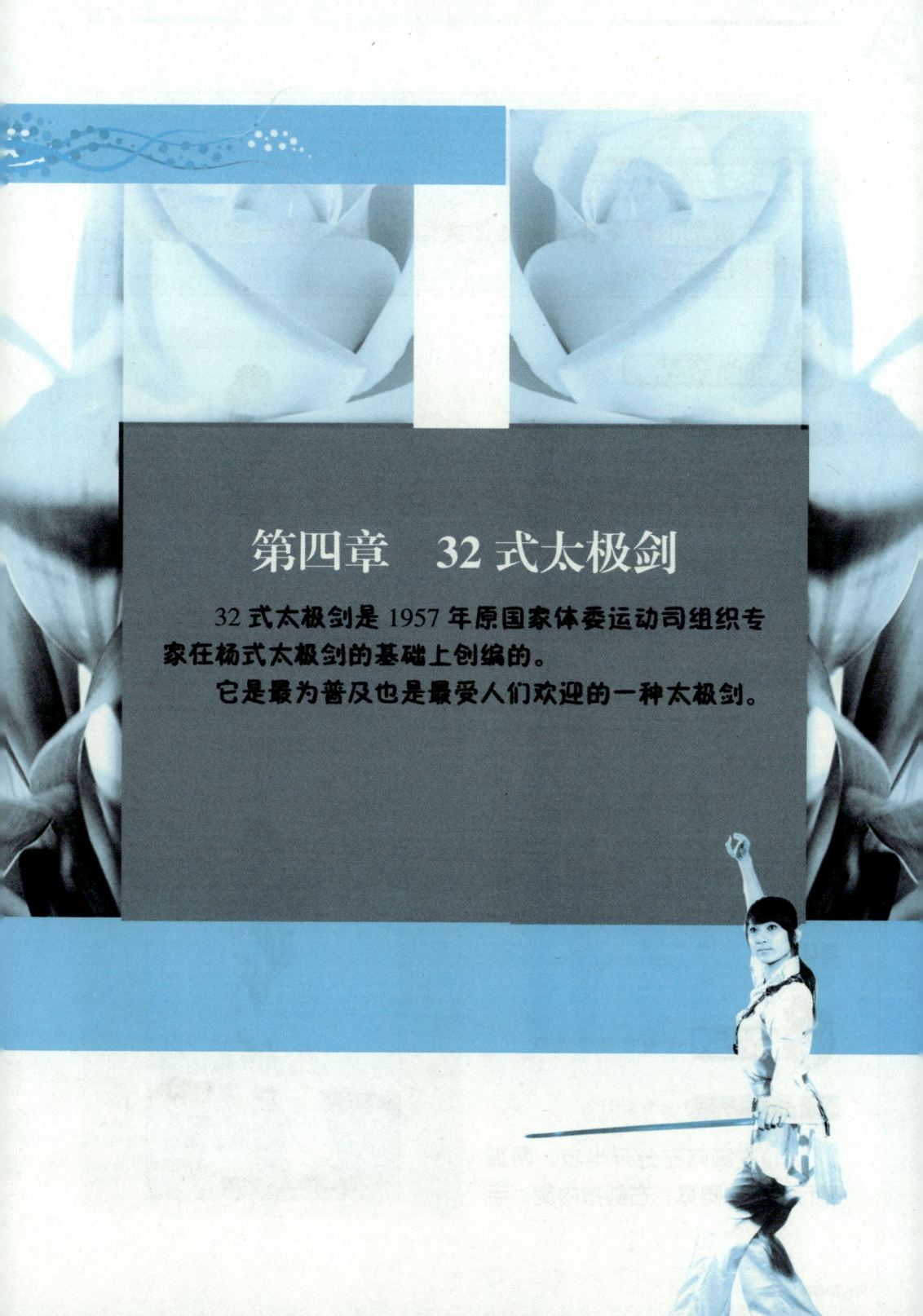

第四章　32 式太极剑

　　32 式太极剑是 1957 年原国家体委运动司组织专家在杨式太极剑的基础上创编的。
　　它是最为普及也是最受人们欢迎的一种太极剑。

第一节

预备姿势与起势

太极剑的预备姿势与其他类型的剑术基本一致；起势的动作则相对复杂。

32 式太极剑

预备姿势

🔷 **动作方法** 见图 4-1-1

（1）两脚并立，面向正南，身体正直；

（2）两臂自然下垂于身体两侧，左手持剑，剑尖向上，右手握成剑指，手心向内，目平视前方。

🔷 **技术要点**

（1）头颈正直，下颏略向内收，精神要集中；

（2）上体要自然，不要故意挺胸，收腹；

（3）两肩松沉，两肘略屈；剑身贴左前臂后侧，不要使剑刃触及身体。

起势

🔷 **动作方法** 见图 4-1-2

（1）左脚向左分开半步，两脚平行，与肩同宽，右剑指内旋，手

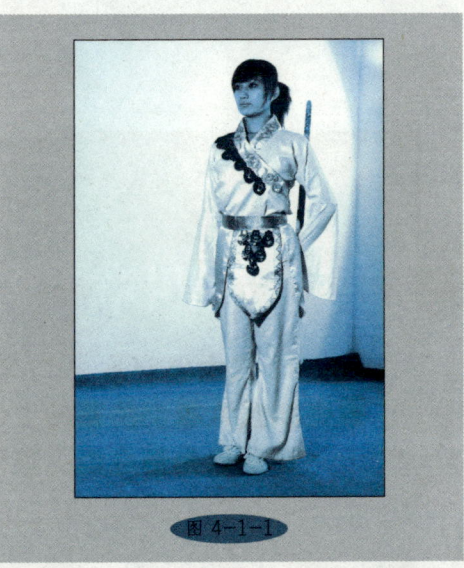

图 4-1-1

心转向身后；

（2）两臂慢慢向前平举，高与肩平，手心向下，目视前方；

（3）上体略向右转，身体重心移向右腿，屈膝下蹲，然后向左转体，左腿提起向左侧前方迈出，呈左弓步；

（4）左手持剑，随即经体前向左下方搂至左胯旁，剑立于左臂后，剑尖向上；

（5）右手剑指下落转成掌心向上，由右后方屈肘上举经耳旁随转动方向向前指出，高与眼平，目先向后看，然后向前注视右剑指；

（6）左臂屈肘上提，左手持剑经胸前从右手上穿出，右剑指翻转，并慢慢下落撤至右后方，两臂前后展平，身体右转，同时右腿提起向前横落，脚尖外撇，两腿交叉，膝部弯曲，左脚跟离地，身体略向下坐，呈半坐盘势，目向后注视右手；

（7）右脚与左手持剑的位置不动，左脚向前一步，呈左弓步，同时身体向左扭转，右手剑指随之经头部右上方向前落于剑把之上，准备接剑，目平视前方。

![技术要点] **技术要点**

（1）两臂上起时，两肩自然松沉，不要耸起；

（2）剑身贴近左前臂下侧，剑尖不可下垂，剑把指向正前方；

（3）左臂向体前画弧时，身体要先略向右转，身体重心在右腿放稳之后再提起左腿，转体、迈步和两臂动作要协调柔和；

（4）左右手必须在体前交错分开，右手后撤与身体右转的动作要协调；

（5）动作时应先提腿，向左转头，然后再举右臂向前下落，两臂不要僵直，两肩要松，上体保持自然。

图 4-1-2

第二节

套路

32式太极剑套路包括并步点剑、独立抡劈、跳步平刺等32个动作。

并步点剑

动作方法 见图 4-2-1

（1）左手食指向中指一侧靠拢，右手松开剑指，虎口对着护手，将剑接换，并使剑在身体左侧划一个立圆；

（2）然后剑尖向下点，使其略向下垂，右臂要平直；

图 4-2-1

（3）左手变成剑指，附于右手腕部，同时右脚前进向左脚靠拢并齐，脚尖向前，身体略下蹲，目视剑尖。

技术要点

剑身向前绕环时，两臂不可高举。右手握剑划圆时只用手腕绕环。点剑时，力注剑尖。肩要下沉，上体正直。

 独立反刺

动作方法 见图4-2-2

（1）右脚向右后方撤一步，随即身体右后转，然后左脚收至右脚内侧，脚尖点地，同时右手持剑经体前下方撤至右后方，右腕翻转，剑尖上挑，左手持剑，随即剑回撤，停于右肩旁，目视剑尖；

（2）上体左转，左膝提起，呈独立步，脚尖下垂，同时右手渐渐上举，使剑经头部前上方向前刺出，剑尖略低，力注剑尖，左手剑指则经下颏处随转体向前指出，高与眼平，目视剑指。

技术要点

分解动作中不要间断。独立步要稳定，身体不可前俯后仰。

图 4-2-2

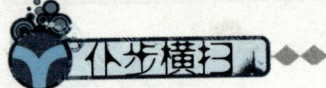

仆步横扫

动作方法 见图 4-2-3

（1）上体右后转，剑随转体向右后方劈下，右臂与剑平直，左剑指落于右手腕部，在转体的同时，右膝前弓，左腿向左后落撤步，膝部伸直，目视剑尖；

（2）身体向左转，左手剑指经体前顺左肋反插，向后、向左上方划弧举起至前上方，手心斜向上；

（3）右手持剑翻掌，手心向上，使剑由下向左上方平扫，力在剑刃中部，剑高与胸平，在转体的同时，右膝弯曲呈半仆步；

（4）此势不停，接着身体重心逐渐前移，左脚尖外撇，左腿屈膝，右脚尖里扣，右腿自然伸直，变成左弓步，目视剑尖。

图 4-2-3

技术要点

以上的分解动作，要连贯进行，弓步时，身体保持正直。

动作方法 见图4-2-4

（1）右腿提起经左腿内侧向右后方跨出一步，呈右弓步；

（2）同时，右手剑向前引伸，然后翻转手心向下，将剑向右斜方慢慢回带，屈肘，握剑手带至右肋前方，力在右剑刃，剑尖略高于手，左手剑指下落附于右手腕部，目视剑尖。

技术要点

剑的回带和弓步屈膝动作要一致。

图 4-2-4

动作方法 见图4-2-5

（1）右手剑向前引伸，并慢慢翻掌将剑向左斜方回带，屈肘，握剑手带至左肋前方，力在左剑刃；

（2）左手剑指经体前左肋向左上方划弧举起至左额上方，手心斜向上；

（3）同时，左脚经右腿内侧向左前方迈出一步，呈左弓步，目视剑尖。

图 4-2-5

技术要点

同"向右平带。"

独立抡劈

动作方法 见图4-2-6

（1）右脚前进到左脚内侧，脚尖着地；

（2）左手从头部左上方落至右腕部，然后身体左转，右手抽剑由前向下、向后划弧，经身体左下方旋臂、翻腕上举，向前下方正手立剑劈下，力在剑下刃；

（3）左手剑指则由身体左侧向下、向后转至左额上方，在抡劈剑的同时，右脚前进一步，左脚屈膝提起，呈独立步，目视剑尖。

技术要点

劈剑时，身体和头部先向左转，然后随剑的抡劈方向再转向前方。提膝和劈剑要协调一致。整个动作过程要连贯不停。

图4-2-6

退步回抽

动作方法 见图 4-2-7

（1）左脚向后落下，屈膝，右脚随之撤回半步，脚尖点地，呈右虚步；

（2）同时，右手剑抽回，剑把靠近左肋旁边，手心向里，剑面与身体平行，剑尖斜向上；

（3）左手剑指下落附于剑把上，目视剑尖。

技术要点

右脚撤回与剑的抽回动作要一致。上体要正直。

独立上刺

动作方法 见图 4-2-8

（1）身体略向右转，面向前方，右脚前进半步，左脚屈膝提起，呈独立步；

（2）同时，右手剑向前上方刺出，力注剑尖，剑尖高与眼平，左手仍附于右手腕部，目视剑尖。

套路

图 4-2-7

图 4-2-8

技术要点

身体略向前倾，但不要故意挺胸。独立步要平衡稳定。

虚步下截

动作方法 见图4-2-9

（1）左脚向左后方落步，右脚随之略向后撤，脚尖点地，呈右虚步；

（2）同时，右手剑先随身体左转再随身体右转经体前向右、向下按，力注剑刃，剑尖略下垂，高与膝平；

（3）左剑指由左后方绕行，至左额上方，目平视右前方。

图4-2-9

技术要点

右脚变虚步与剑向下按要协调一致。如果向南起势，此势虚步方向为正东偏北上体右转，面向东南。

左弓步刺

动作方法 见图4-2-10

（1）右脚向右后方回撤一步，左脚收至右脚内侧后，再向体前方迈出，呈左弓步，面向左前方；

（2）同时，右手剑随身体转动经面前向后、向下抽卷，再向左前方刺出，手心向上，力注剑尖；

（3）左手剑指向右、向下落，经
体前再向左、向上绕行，至左额上
方，手心斜向上，臂要撑圆，目视剑
尖。

右手回撤时，前臂先外旋再内
旋，从右腰部将剑刺出。左剑指绕行
时，要先落在右手腕再分开转向头上
方。弓步方向为东偏北（约30度）。

图 4-2-10

转身斜带

动作方法 见图 4-2-11

（1）身体重心后移，左脚尖里
扣，上体右转，随后身体重心又移至
左脚上，右脚提起，贴在左脚内侧，
同时，右手剑收回横至胸前，手心仍
向上，左手剑指落在右手腕上，目视
左方。

（2）上势不停，向右后方转体，
右脚向右侧方迈出，呈右弓步，同时
右手剑随转体翻腕，手心向下并向身
体右侧外带，力在剑刃外侧，左手剑
指仍附于右手腕部，目视剑尖。

图 4-2-11

身体重心移动，向右侧方迈出呈弓步，须与向左转的动作一致，力求平稳协调。转身斜带，弓步方向应该正西偏北（约30度）。

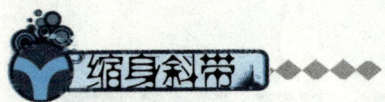

缩身斜带

动作方法 见图4-2-12

（1）左腿提起后再向原位置落下，身体重心移于左腿，右脚撤到左脚内侧，脚尖点地；

（2）同时，右手翻掌手心向上，使剑向左侧回带，力在剑刃外侧，左手剑指随即由体前向下反插，再向后、向上绕行，划弧重落于右手腕部，目视剑尖。

图4-2-12

技术要点

剑回带时，身体也随着向左扭转。身体后坐时，臀部不要凸出。

提膝捧剑

动作方法 见图4-2-13

（1）右脚后退一步，左脚也略向后撤，脚尖着地，同时两手平行分开，手心向下，剑身斜置于身体右侧，剑尖位于体前，左剑指置于身体左侧；

（2）左脚略向前进步，右膝向前提起呈独立步，同时右手剑把与左手在胸前相合，左手捧托在右手背下，两臂略屈，

剑在胸前，剑身直刺前方，剑尖略高，目视前方。

图 4-2-13

技术要点

两个分解动作要连贯不停。独立步左腿自然蹬直，右腿提膝，脚尖下垂，上体保持自然。

动作方法 见图 4-2-14

（1）右脚向前落下，身体重心后移，然后右脚尖用力蹬地，左脚随即前进一步踏实，右脚在左脚将落地时，迅速向左腿内侧收拢，同时两手捧剑先略向回收，再随右脚落地直向前伸刺，然后，随左脚落地，两手分开撤回身体两侧，两手手心都向下，左手再变剑指，目视前方；

（2）右脚向前上一步，呈右弓步，同时右手剑向前平刺，力注剑尖，左手剑指由在后方上举，绕至额头左上方，手心斜向上，目视剑尖。

技术要点

两手先略向回收，再随右脚落地的同时向前伸刺。左脚落地要与两手回撤动作一致。刺出后，剑要平稳。

图 4-2-14

左虚步撩

动作方法　见图 4-2-15

（1）身体重心后移至左腿上，上体左转，右脚回收再向前垫步，脚尖外撇，再向右转体，身体重心前移至右腿，左脚随即前进一步，脚尖着地，呈左虚步；

（2）右手剑随身体转动经左上方向后、向下、立剑向前撩出，力在剑刃前部，剑把停于头前，剑尖略低，左手剑指在上体左转时即下落附于右腕部，随右手绕转；目视前方。

技术要点

撩剑的路线必须划一个整圆。左手剑指须下落到左肋侧再与右手相合。

图 4-2-15

右弓步撩

动作方法 见图 4-2-16

（1）身体先向右转，右手剑由上向后绕环，手心向外，左剑指随剑绕行附于右臂内侧，随之左脚向前垫步，右脚继而前进一步，呈右弓步；

（2）右手剑随着上右步由下向前立剑撩出，剑与肩平，剑尖略低，力在剑刃前部，左剑指则由下向上绕行至额头左上方，手心斜向上，目视前方。

技术要点

剑向后绕环时，身体和眼神随着向后转，整个动作要连贯。

图 4-2-16

转身回抽

动作方法 见图 4-2-17

（1）身体左转，重心后移，右脚尖里扣，左脚尖略外展，右脚蹬地，呈侧弓步；

（2）右手将剑柄收引到胸前，剑身平直，剑尖向右后，左手剑指仍附于右手腕部；

（3）然后身体再向左转，随转体右手剑向左前方劈下，力在剑刃，左

手剑指附于右手腕部，目视剑尖；

（4）身体重心后移至右腿，右膝略屈，左脚回撤，脚尖点地，呈左虚步；

（5）同时，右手剑抽回至身体右侧，左手剑指收回再经胸前、下颌前向前指出，高与眼齐，目视剑指。

❀ 技术要点

第一动，向左转体时，要先扣右脚，再展左脚；右臂先屈回胸前再向左劈；第二动，左手剑指必须随右手收到腹前，再向上、向前指出。全部动作要协调。

图4-3-17

并步平刺

❀ 动作方法 见图4-2-18

（1）左脚略向左移，右脚靠拢左脚呈并步，面向前方，身体直立；

（2）同时左手剑指向左转并向右下方划弧，反转变掌捧托在右手下，然后双手捧剑向前平刺，手心向上，力注剑尖，高与胸平，眼看前方。

图4-2-18

剑刺出后两臂要略屈，并步和刺剑要一致。身体直立要自然，不要故意挺胸。如果面向南起势，刺剑的方向为正东。

左弓步拦

动作方法 见图4-2-19

（1）右手剑翻腕后抽，随身体右转，由右前向右转动，再随身体左转经右后方向下、向左前方托起拦出，力在剑刃，剑身与头平，前臂外旋，手心斜向里；

（2）左手剑指则向右、向下、向上绕行，停于额头左上方，手心斜向上，在身体左转时左脚向左前方进一步，左腿屈膝，呈左弓步，目先随剑向右后看，最后平看前方。

技术要点

身体应随剑先向右转再向左转。右腿先略屈，然后迈左脚。左手剑指随右手绕行。到右上方之后再分开。

图4-2-19

右弓步拦

动作方法 见图 4-2-20

（1）身体重心略向后移，左脚尖外撇，身体先向左转再向右转，在转体的同时，右脚经左脚内侧向前方进一步，呈右弓步；

（2）右手剑由左后方划一整圆向右前托起拦出（前臂内旋，手心向外），力在剑刃，剑身与头平，左剑指附于右手腕部；目视前方。

技术要点

以上两动作要连贯，剑须走一大圈，视线随剑移动。

图 4-2-20

左弓步拦

动作方法 见图 4-2-21

（1）身体重心略向后移，左脚尖外撇，其余动作及要点与前"右弓步拦"相同，只是方向相反；

（2）右手剑拦出时，右臂外旋，手心斜向内。

技术要点

以上动作要连贯，视线随剑移动。

图 4-2-21

进步反刺

动作方法 见图 4-2-22

（1）身体向右转，右脚向前横落盖步，脚尖外撇，左脚跟离地呈半坐盘势，同时右手持剑下落，左手剑指下落到右腕部，然后剑向后方立剑刺出，左手剑指向前方指出，手心向下，两臂伸平，右手手心向体前，目视剑尖；

（2）身体左转，左脚向前一步，呈左弓步，同时右前臂向上弯曲，剑尖向上挑挂，继而向前刺出（前臂内旋，手心向外，呈反立剑），力注剑尖，剑尖略低，左手剑指附于右手腕部，目视剑尖。

技术要点

以上两动作要连贯，弓步刺剑时身体不可太前俯。

图 4-2-22

反身回劈

动作方法 见图 4-2-23

（1）身体重心先移至右腿，左脚尖里扣，然后再移到左腿上，右脚提起收回（不停）；

（2）身体右后转，右脚随即向前迈出呈右弓步，面向中线右前方；

（3）同时，右手剑随转体由上向右后方劈下，力在剑刃，左手剑指由体

前经左下方转在额头左上方，手心斜向上，目视剑尖。

✿ 技术要点

劈剑、转体和迈右脚呈弓步，要协调一致。弓步和劈剑方向为正西偏北（约30度）。

图4-2-23

虚步点剑

✿ 动作方法 见图4-2-24

（1）左脚提起，上体左转，左脚向起势方向垫步，脚尖外撇，随即右脚提起落在左脚前，脚尖点地，呈右虚步；

（2）同时，右手剑随转体划弧上举向前下方点出，右臂平直，剑尖下垂，力注剑尖，左剑指下落经身体左侧向上绕行，向体前与右手相合，附于右手腕，目视剑尖。

图4-2-24

✿ 技术要点

点剑时，腕部用力，使力量达于剑尖。点剑与右脚落地要协调一致。身体保持正直。虚步和点剑方向与起势方向相同。

独立平托

见图 4-2-25

（1）右脚向左腿的左后方插步，两脚以脚掌为轴向右转体（仍面向前方），随即左膝提起呈右独立步；

（2）在转体的同时，剑由体前先向左、向下绕环，然后随向右转体动作向右上方托起，剑身略平，略高于头，力在剑刃上侧，左手剑指仍附于右腕部，目视前方。

技术要点

撤右腿时，右脚掌先落地，然后再以脚掌为轴向右转体。身体不要前俯后仰。提膝和向上托剑动作要一致。右腿自然伸直。

图 4-2-25

弓步挂劈

动作方法 见图 4-2-26

（1）左脚向前横落，身体左转，两腿交叉呈半坐盘式，右脚跟离地，同时右手剑向身体左后方穿挂，剑尖向后，左手剑指仍附于右手腕上，目向后看剑尖；

（2）右手剑由左侧翻腕向上再向前劈下，剑身要平，力在剑刃，左手剑指则经左后方，上绕至额头上方，手心斜

向上，同时右脚前进一步，呈右弓步，目视剑尖。

技术要点

身体要先向左转再向右转。视线随剑移动。

图 4-2-26

虚步轮劈

动作方法 见图 4-2-27

（1）重心略后移，身体右转，右脚尖外撇，左脚跟离地呈交叉步，同时右手剑由右侧下方向向后反手撩平，左手剑指落于右肩前，目后视剑尖；

（2）左脚向前垫一步，脚尖外撇，身体左转，随即右脚向前一步，脚尖着地，呈右虚步，与此同时，右手剑由右后翻臂上举再向前劈下，剑尖与膝同高，力在剑刃，左手剑指自右肩前下落，经体前向左上划圆再落于右前臂内侧，目视前下方。

技术要点

两个分解动作要连贯，中间不要停顿。

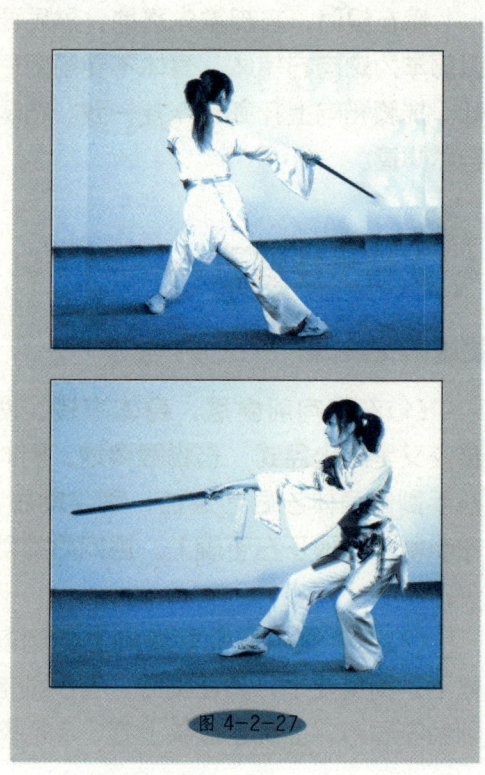

图 4-2-27

撤步反击

动作方法 见图4-2-28

（1）上体右转，右脚提起向右后方撤一大步，左脚跟外转，左腿蹬直，呈右侧弓步；

（2）同时，右手剑向右后上方斜削击出，力在剑刃前端，手心斜向上，剑尖斜向上，高与头平，左手剑指向左下方分开平展，剑指略低于肩，手心向下，目视剑尖。

技术要点

右脚先向后撤，再蹬左脚。两手分开要与弓腿、转体动作一致。撤步和击剑方向为东北。

图4-2-28

进步平刺

动作方法 见图4-2-29

（1）身体略向右后转，左脚提起贴靠于右腿内侧，同时右手翻掌向下，剑身收回于右肩前，剑尖斜向左前，左手剑指向上绕行落在右肩前，目视前面；

（2）身体向左后转，左脚垫步，脚尖外撇，继而右脚前进一步，呈右弓步，同时右手剑随转体动作向前方

刺出，力贯剑尖，手心向上，左手剑指经体前顺左肋反插，向后再向上绕至额头左上方，手心斜向上，目视剑尖。

图 4-2-29

技术要点

左腿提起时，要靠近右腿后再转身落步，待左腿稳定后再进右步，上下须协调一致。

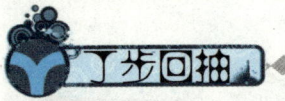丁步回抽

动作方法 见图 4-2-30

（1）身体重心后移，右脚撤至左脚内侧，脚尖点地，呈右丁步；

（2）同时，右手剑屈肘回抽，剑把置于左肋部，剑身斜立，剑尖斜向上，剑面与身体平行，左手剑指落于剑把之上，目视剑尖。

图 4-2-30

技术要点

右脚回收和剑回抽要一致。上体须正直。

旋转平抹

动作方法 见图 4-2-31

（1）右脚提起向前落步外摆，同时上体略右转，右手翻掌向下，剑身横置胸前；

（2）身体重心移于右腿，上体继续右转，左脚随即向右脚前扣步，两脚

尖斜相对，然后以左脚掌为轴向右后转身，右脚随转体向中线侧方后撤一步，左脚随之略后收，脚尖点地，呈左虚步；

（3）同时，右手剑随转体由左向右平抹，力在剑刃外侧，然后在变左虚步的同时，两手向左右分开，置于两胯旁，手心向下，剑身斜至身体右侧，剑尖位于体前；

（4）身体恢复起势方向，目平视前方。

技术要点

移步转体要平稳自然，不要低头弯胯，速度要均匀。由"丁步回抽"到"旋转平抹"完成，转体约360度，身体回归起势方向。

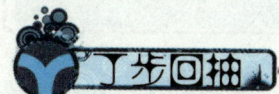

动作方法 见图4-2-32

（1）左脚向前进半步，呈左弓步；

（2）同时，右手剑立剑直向前刺出，高与胸平，力注剑尖，左手剑指附于右手腕部，目视前方。

技术要点

弓步、刺剑要动作一致。

图4-2-31

图 4-2-32

第三节

收势

收势是 32 式太极剑的总结尾，由转体剑换手，回到起势位置组成。

动作方法 见图 4-3-1

（1）身体重心后移，随即身体向右转，同时右手剑向右后方回抽，手心仍向内，左手剑指也随即屈肘回抽变掌，接握剑的护手，目视剑身；

（2）身体左转，身体重心再移到左腿，右脚向前跟进半步，与左脚呈半立步，左手接剑，经体前下落至垂于身体左侧，右手变成剑指，向下、向右后方划弧上举，再向前、向下落于身体右侧，全身放松，目平视前方。

技术要点

　　换握剑后，左手持剑划弧下落与重心前移要协调一致，右手剑指划弧下落与右脚跟进半步要协调一致。

图 4-3-1

第五章　比赛规则

　　制定太极剑的比赛规则,有助于比赛参与者了解本运动项目有关运动规则的知识,在比赛中充分发挥技术水平。同时对于观赏者,也能在掌握了比赛的基本规则的前提下,充分体验观赏比赛的乐趣。

第一节

比赛方法

　　运动员要按照一定的方法进行比赛，并须遵循一定的规则，以使比赛有序进行。

比赛安排

　　在具体比赛中，运动员要根据比赛的安排参加比赛。

❀ 比赛类型

　　太极剑比赛包括个人赛和团体赛。

❀ 年龄组别

　　(1)成年组：18周岁以上(含18周岁)。
　　(2)少年组：12～17周岁。
　　(3)儿童组：不满12周岁。

❀ 套路时间

　　太极剑集体项目的时间为3～4分钟。

比赛流程

　　比赛流程包括进场、起势、收势、退场等具体为：
　　(1)运动员听到点名或看到电子屏显示姓名后，应立即进场，待裁判长示意后，即可走向起势位置；
　　(2)运动员身体任何部位开始动作即为起势(计时开始)，集体项目在行进间开始动作者，须事先向裁判申明；
　　(3)运动员完成整套动作后，须并步收势(计时结束)，再转向裁判长行注目礼，然后退场；

（4）运动员应在同侧场内完成相同方向（左右不得超过90度）的起势与收势，集体项目必须在场内完成起势与收势，方向、位置不限；

（5）运动员听到上场比赛的点名和赛后示分时，应向裁判长行抱拳礼。

第二节
裁判方法

在比赛过程中，裁判人员通过履行其职责，进行正确的裁判工作，来保证比赛的公平、公正。

裁判人员

裁判人员包括裁判长和裁判员。其中，裁判员包括3～5名评判动作规格的裁判员和3～5名评判演练水平的裁判员。

评分

比赛满分为10分，其中动作规格分值为6.8分，演练水平分值3.0分，创新难度分值为0.2分。

裁判员评分

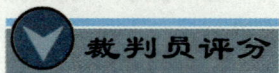

动作规格分

动作规格分满分为6.8分。裁判员根据运动员现场发挥的技术水平，按照动作规格要求，减去对该动作规格中出现的错误进行的扣分和其他扣分，即为运动员的动作规格分。

1.动作规格扣分

（1）凡手形、步形、身形、手法、步法、身法、腿法、跳跃、平衡和器械的使用方法与规格要求轻微不符者，每出现一次扣0.05分。与要求显著

不符者，每出现一次扣 0.1 分。与要求严重不符者，每出现一次扣 0.2 分。一个动作出现多种错误时，最多扣分不得超过 0.2 分，出现三次以上扣 0.5 分。

（2）同一手形每出现一次轻微错误扣 0.05 分，出现两次扣 0.1 分，出现三次以上扣 0.2 分。同一步形、步法、器械使用方法出现一次轻微错误扣 0.05 分，出现两次扣 0.1 分，出现三次以上扣 0.3 分。出现一次显著错误扣 0.1 分，出现两次扣 0.2 分，出现三次以上扣 0.5 分。

2.其他错误扣分

下列错误每出现一次，根据不同程度，予以扣分：

（1）遗忘动作扣 0.1～0.2 分。

（2）器械、服装影响动作扣 0.1～0.2 分。

（3）器械变形扣 0.1～0.3 分。

（4）器械折断扣 0.4 分。

（5）器械掉地扣 0.5 分。

（6）失去平衡晃动、移动、跳动扣 0.1 分；附加支撑扣 0.3 分；倒地扣 0.5 分。

（7）规定套路的动作路线、方向错误扣 0.1 分。

演练水平分

演练水平分满分为 3.0 分。裁判员根据运动员现场表现的整套演练水平，按照太极剑在功力、演练技巧、编排等方面的标准，整体比较，确定扣分，从该类分值中减去应扣分数，即为运动员的演练水平分。

1.劲力水平分值为 1 分（劲力、协调各占 0.5 分）

凡劲力充足，用力顺达，力点准确，手、眼、身、法、步配合协调，身体和器械协调，动作干净利落者，不予扣分；凡劲力或协调与要求轻微不符者，扣 0.05～0.1 分；凡与要求显著不符者，扣 0.15～0.3 分；凡与要求严重不符者，扣 0.35～0.5 分。

2.演练技巧分值为 1.5 分（精神、节奏、风格各占 0.5 分）

凡精神饱满，节奏分明，风格突出者，不予扣分；凡精神、节奏、风格中的任何一方面与要求轻微不符者，扣 0.05～0.3 分；凡与要求严重不符者，扣 0.35～0.5 分。

3.编排(内容、结构、布局)分值为0.5分

凡符合内容充实，结构合理，变化多样，布局匀称的要求的，不予扣分；凡与要求轻微不符者，扣0.05～0.3分；凡与要求严重不符者，扣0.35～0.5分。

裁判员的示分

裁判员所示分数可到小数点后两位数，小数点后第二位数必须是0或5。

应得分数

动作规格分与演练水平分之和即为运动员的应得分数。动作规格分与演练水平分的确定方法为：

(1)3个裁判员评分时，取3个分数的平均值为运动员的应得分；

(2)4～5个裁判员评分时，去掉最高分和最低分，取中间2个或3个分数的平均值为运动员的应得分；

(3)运动员的应得分数只取到小数点后两位数，小数点后第三位不作四舍五入。

裁判长的扣分

起势、收势

(1)起势与收势方向不符合要求者，扣0.1分。

(2)起势与收势有意拖延时间、一个动作达8秒者，扣0.1分；达10秒者，扣0.2分；达12秒者，扣0.3分。

重做

(1)运动员因客观原因，造成比赛套路中断者，经裁判长许可，可重做一次，不予扣分。

(2)运动员动作遗忘、失误等原因造成比赛套路中断者，可重做一次，扣1分。

(3)运动员临场受伤不能继续比赛者，裁判长有权令其中止。经过简单

治疗即可继续比赛的，可安排在该组最后一名上场，按重做处理，扣1分。

出界

身体的某一部位接触边线外地面，扣0.1分；整个身体出界，扣0.2分。

平衡时间不足

凡指定的持久平衡动作的静止时间不足1秒者，扣0.2分；不足2秒者，扣0.1分。

不足或超出规定时间

（1）如果没有在规定时间内完成套路，不足或超出规定时间在2秒内者（含2秒），扣0.1分；在2秒以上至4秒以内者（含4秒），扣0.2分，依此类推。

（2）集体项目不足或超出规定时间在5秒内者（含5秒），扣0.1分；在5秒以上至10秒以内者（含10秒），扣0.2分，依此类推。

服装不符合规定

在比赛中，发现运动员服装违反规定，则取消其该项成绩。

动作组别不够

任何自选套路，动作组别少于规定的要求时，每少一个手形、步形、腿法、跳跃、平衡动作和规定的一种方法，扣0.3分。步形和平衡动作，均以定势为准，过度的或一晃而过的都不算规定的步形和平衡。

规定套路的动作缺少或增加

（1）漏做或增加一个完整的动作，扣0.2分。

（2）跳跃动作的助跑步数或行进动作的步数缺少或增加，每出现一次，扣0.1分。

指定动作的扣分

（1）如未选择一组"指定动作"，除扣去该组指定动作的难度分值外，还应按漏做动作扣分，每漏做一个动作扣0.3分。

（2）附加或漏做一个或几个动作时，按动作附加或漏做动作扣分，每附加或漏做一个动作扣 0.3 分。

（3）改变动作可视为附加或漏做。

（4）每改变一次规定要求的方向，扣 0.3 分。如果由于方向改变出现附加或漏做，则应按附加或漏做扣分。

（5）重做指定动作的部分或全部，对动作中错误的扣分，以第一次完成的动作为准。

（6）如自选套路指定动作位置确定表填报错误，将在该项最后得分中扣0.3 分。

 裁判长对评分的调整

（1）当评分出现明显不合理现象时，在出示运动员最后得分前，裁判长须报告总裁判长，经总裁判组同意，可召集场上裁判员协商或同个别有关裁判协商，改变分数。

（2）当有效分数（除去最高与最低）之间出现不允许的差数时，在出示运动员的最后得分前，裁判长可召集场上裁判员协商或同个别有关裁判协商，改变分数。